COLLECTION

DE

Mr J. MASSON

(Deuxième Vente)

CATALOGUE

DES

Aquarelles et Dessins

DE

L'ÉCOLE FRANÇAISE

DU XVIIIE SIÈCLE

Composant la Collection de Mr J. MASSON

et dont la deuxième vente aux enchères publiques aura lieu à Paris

Hôtel Drouot, Salle n° 6

Le Jeudi 6 Décembre 1923,
à 2 heures.

COMMISSAIRE-PRISEUR :

Me F. LAIR DUBREUIL
6, rue Favart, 6

EXPERTS :

M. J. FÉRAL	M. Marius PAULME	M. G. B.-LASQUIN
7, rue Saint-Georges.	45, rue Pergolèse.	11, rue Grange-Batelière.

Exposition publique le Mercredi 5 Décembre 1923,
de 2 heures à 6 heures du soir.

CONDITIONS DE LA VENTE

Elle sera faite au comptant.

Les acquéreurs paieront 17 fr. 50 pour cent en sus des enchères.

CATALOGUE

AUBRY (ÉTIENNE)

Versailles, 1745. † Versailles, 1781.

1 — *Portrait présumé de Marguerite Lecomte.*

Lavis de sépia, avec rehauts de gouache.

Haut., 15 cent.; larg., 11 cent. 9.

BÉRICOURT

Vécut à Paris au XVIIIe siècle.

2 — *La jeune dame à la rose.*

Haut., 15 cent. 3; larg., 11 cent.

3 — *La jeune paysanne à la rose.*

Haut., 15 cent.; larg., 10 cent. 5.

Deux dessins à l'aquarelle et à la plume.

Chacun d'eux est entouré dans la marge de cinq filets à l'encre de Chine avec bande lavée de vert formant encadrement.

BERTAUX (L.-JACQUES)

Arcis-sur-Aube, vers 1770. † Après 1808.

4 — *Les charlatans.*

Lavis d'encre de Chine et de sépia.

Haut., 16 cent.; larg., 16 cent.

A figuré sous le n° 149 à l'Exposition des Petits-Maitres du XVIIIe siècle, Paris, juin 1920.

BOISSIEU (JEAN-JACQUES DE)

Lyon, 1736. † Lyon, 1810.

5 — *L'homme au bonnet de coton.*

Plume et lavis d'encre de Chine.

Haut., 13 cent.; larg., 12 cent.

A figuré sous le n° 156 à l'Exposition des Petits-Maitres du XVIIIe siècle. Paris, juin 1920.

BOISSIEU (JEAN-JACQUES DE)

6 — *L'île Barbe.*

Lavis d'encre de Chine.
Signé des initiales et daté 1786.

Haut., 22 cent. 3; larg. 33 cent. 9.

BOISSIEU (JEAN-JACQUES DE)

7 — *Le château de Pierre Sise.*

Lavis d'encre de Chine.

Haut., 16 cent.; larg., 25 cent.

Collection de Malaussena (Lugt, n° 1887).

BOUCHARDON (EDME)

(attribué à)
Chaumont, 1698. † Paris, 1762.

8 — *Académie d'enfant.*

Sanguine.

Haut., 37 cent.; larg., 48 cent. 5.

BOUCHARDON (EDME)

(attribué à)

9 — *La musique.*

Sanguine.

Haut., 31 cent.; larg., 23 cent.

BOUCHER (FRANÇOIS)

Paris, 1703. † Paris, 1770.

10 — *Lazare et le mauvais riche.*

Lavis de sépia avec rehauts au crayon.
De forme cintrée.

Haut., 22 cent.; larg., 32 cent. 4.

Collection Ph. de Chennevières (marque Lugt, n° 2073).

BRILLON (MME)

(École française, XVIIIe siècle).

11 — *Étude de chien.*

Pierre noire avec rehauts de blanc.
On lit en bas, à gauche : « *Par Mme Brillon, en Mars* 1776. »

Haut., 17 cent.; larg., 20 cent. 4.

CASSAS (LOUIS-FRANÇOIS)

Azay-le-Ferron, 1756. † Versailles, 1827.

12 — *Un cortège nuptial au Caire.*

Mine de plomb, plume et gouache.
Signé au verso.

Haut., 32 cent.; larg., 94 cent.

En bas la mention manuscrite : *Dessin original par L.-F. Cassas pour son ouvrage sur l'Egypte. Gravé par Patas (3 v. n° 63). Marche d'un mariage dans la ville du Caire. La pompe passe devant le célèbre édifice appelé El-Maristan ou l'Hôpital des fous.*

CHARDIN (JEAN-BAPTISTE-SIMÉON)

(attribué à)

Paris, 1699. † Paris, 1779.

13 — *Portrait presumé de l'artiste.*

Pierre noire rehaussée de blanc sur papier bleu.

Haut., 37 cent. 1/2; larg., 28 cent.

CHAŸS

Détails biographiques inconnus.

14 — *Ruines.*

Sanguine.

Haut., 23 cent. 4; larg., 28 cent.

CHEDEL

(École française, XVIIIe siècle.)

15 — *Tête d'homme, étude.*

Plume et sauce.
Signé et daté 1783, en bas à droite.

Haut., 21 cent.; larg., 17 cent.

A figuré sous le n° 205 à l'Exposition des Petits-Maîtres du XVIIIe siècle, Paris, juin 1920.

CLÉRISSEAU (CHARLES-LOUIS)

Paris, 1722. † Auteuil, 1820.

16 — *La prison de la Conciergerie.*

Lavis de sépia.

Haut., 30 cent. 2; larg., 23 cent. 3.

CLODION (CLAUDE MICHEL, dit)

(École de)

17 — *Satyre, ægipan et amour.*

Lavis de bistre, de sépia et gouache.

Haut., 22 cent.; larg., 16 cent.

COCHIN fils (CHARLES-NICOLAS)

Paris, 1715. † Paris, 1790.

18 — *Portrait de François de Chevert.*

Mine de plomb.
Dans un encadrement en forme de médaillon ovale.
On lit dans la marge du bas, d'une écriture ancienne : « *Chevert* ».
Gravé par Watelet.

Haut., 13 cent.; larg., 11 cent.

DANDRÉ-BARDON (MICHEL-FRANÇOIS)

Aix-en-Provence, 1700. † Paris, 1783.

19 — *Allégorie sur le mariage de Louis XV.*

Sanguine avec rehauts de gouache, sur papier chamois.
Signée.

Haut., 38 cent. 4; larg., 25 cent. 3.

A figuré sous le n° 592 à l'Exposition des Petits-Maîtres du XVIIIe siècle, Paris, juin 1920.

DESPREZ (LOUIS-JEAN)

Lyon, vers 1740. † Stockholm, 1804.

20 — *L'ancien château de Tours.*

Aquarelle.

A droite, en bas, l'estampille de la collection du général C. Rolas-du-Rosey (Lugt, n° 2237). Au verso, on relève la mention manuscrite : *Dans la cité de Tours-sur-Loire, pris au mois d'août 1791.*

Haut., 29 cent.; larg., 47 cent.

DESRAIS (CLAUDE-LOUIS)

Paris, 1746. † Paris, 1816.

21 — « *Chapeau à la Théodore* ».

Haut., 7 cent. 5; larg., 4 cent. 3.

22 — « *Chapeau au Palais Roial* ».

Haut., 7 cent. 5; larg., 4 cent. 4.

Deux dessins à la plume et au lavis de sépia.
Légendés d'une écriture ancienne : « *Dessins pour vignettes d'almanachs* ».

DUFLOCQ (?)

23 — *Sujet mythologique.*

Lavis d'encre de Chine et de sépia.

Au verso, la mention manuscrite : *Duflocq.*

Haut., 13 cent. 5; larg., 10 cent.

DUGOURC (JEAN-DÉMOSTHÈNE)

Versailles, 1749. † Paris, 1810.

24 — *Le Désir et le Mystère conduisant la Jeunesse à l'Amour.*

Lavis d'encre de Chine.

Dessin de forme ovale. Signé en bas, à gauche, du monogramme et daté 1776.

Haut., 19 cent.; larg., 14 cent. 1/2.

A figuré sous le n° 259 à l'Exposition des Petits-Maîtres du XVIII° siècle, Paris, juin 1920.

DUGOURC (JEAN-DÉMOSTHÈNE)

25 — *Les Grâces conduisant l'Amour à la Fidélité.*

Lavis d'encre de Chine.

Dessin de forme ovale. Signé en bas du monogramme et daté 1776.

Haut., 19 cent.; larg., 14 cent. 1/2.

A figuré sous le n° 595 à l'Exposition des Petits-Maîtres du XVIII° siècle, Paris, juin 1920.

DUGOURC (JEAN-DÉMOSTHÈNE)

26 — *Les amours de Psyché et de Cupidon : l'Amour blessé par ses armes.*

Lavis d'encre de Chine.

En haut, sur une banderole soutenue par deux amours : LES AMOURS DE PSYCHÉ ET DE CUPIDON *composés et dessinés par Jean Démosthène Dugourc pour l'ouvrage de Jean de La Fontaine, portant le même titre.*

Dessin de forme ovale.

Haut., 22 cent.; larg., 17 cent. 1/2.

Les quatre dessins suivants appartiennent à la même série.

DUGOURC (JEAN-DÉMOSTHÈNE)

27 — *Psyché secourue par les naïades.*

Lavis d'encre de Chine.
Dessin de forme ovale. Signé en bas du monogramme et daté 1776.

Haut., 22 cent.; larg., 17 cent. 1/2.

DUGOURC (JEAN-DÉMOSTHÈNE)

28 — *Psyché arrive à l'habitation du pêcheur.*

Lavis d'encre de Chine.
Dessin de forme ovale. Signé en bas du monogramme et daté 1776.

Haut., 22 cent.; larg., 17 cent. 1/2.

DUGOURC (JEAN-DÉMOSTHÈNE)

29 — *Psyché brûle l'Amour.*

Lavis d'encre de Chine.
Dessin de forme ovale. Signé en bas, au centre, du monogramme et daté 1776.

Haut., 22 cent.; larg., 17 cent. 1/2.

DUGOURC (JEAN-DÉMOSTHÈNE)

30 — *Apothéose de Psyché.*

Lavis d'encre de Chine.
Dessin de forme ovale. Signé vers la droite du monogramme et daté 1776.

Haut., 22 cent.; larg., 17 cent. 1/2.

DUNKER (BALTHASAR-ANTON)

Saal, 1746. † Berne, 1807.

31 — *La jolie Bernoise.*

Sanguine.

Haut., 19 cent. 8; larg., 13 cent. 2.

DURAMEAU (LOUIS-JACQUES)

Paris, 1733. † Versailles, 1796.

32 — *Les jeunes dessinateurs.*

Plume et lavis de sépia.

Haut., 17 cent. 8; larg., 17 cent.

A figuré sous le n° 269 à l'Exposition des Petits-Maîtres du XVIII° siècle, Paris, juin 1920.

DURAMEAU (LOUIS-JACQUES)

33 — *La comtesse prépare ses parures pour le 1er opéra.*

Dessin légèrement traité à la plume et au lavis de sépia.

Signé et daté dans l'angle inférieur gauche: « *A Rome, Durameau, le 6 Janvier* 1764. »

Haut., 11 cent. 5; larg., 18 cent. 5.

A figuré sous le n° 596 à l'Exposition des Petits-Maîtres du XVIII° siècle, Paris, juin 1920, sous le titre : *Le coffret à bijoux.*

ÉCOLE FRANÇAISE (XVIII° SIÈCLE)

34 — *Le jeune dessinateur.*

Crayon noir et crayon blanc.

Haut., 21 cent.; Larg., 25 cent.

ECOLE FRANÇAISE (XVIII° SIÈCLE)

35 — *Portrait de jeune homme.*

Aux deux crayons.

Haut., 12 cent. 1; larg., 10 cent.

ÉCOLE FRANÇAISE (XVIIIe SIÈCLE)

36 — *Portrait d'homme.*

Aux deux crayons et à l'estompe.

Haut., 18 cent. 5; larg., 15 cent.

ÉCOLE FRANÇAISE (XVIIIe SIÈCLE)

37 — *Portrait présumé du général Lincoln.*

Sanguine.

Haut., 14 cent. 9; larg., 13 cent. 9.

ÉCOLE FRANÇAISE (XVIIIe SIÈCLE)

38 — *Portrait du marquis de La Fayette.*

Gouache sur peau de vélin.
De forme ovale.

Haut., 12 cent. 7; larg., 10 cent.

ÉCOLE FRANÇAISE (XVIIIe SIÈCLE)

39 — *Étude d'un gentilhomme.*

Crayon noir avec rehauts de blanc, sur papier chamois.

Haut., 28 cent. 3; larg., 15 cent.

ÉCOLE FRANÇAISE (XVIIIe SIÈCLE)

40 — *L'enfant aux perdrix.*

Sanguine.

Haut., 20 cent. 4; larg., 16 cent. 5.

ÉCOLE FRANÇAISE (XVIIIe SIÈCLE)

41 — *Le garçonnet au cerf-volant.*

Sanguine.
De forme ronde.

Diametre, 8 cent.

ÉCOLE FRANÇAISE (XVIIIe SIÈCLE)

42 — *Songerie.*

Lavis de sépia avec quelques traits à la mine de plomb.
De forme ronde.

Diamètre, 10 cent. 3.

ÉCOLE FRANÇAISE (XVIIIe SIÈCLE)

43 — *Costume de mode.*

Plume et lavis d'encre de Chine.
A été gravé.

Haut., 17 cent.; larg., 11 cent. 5.

ÉCOLE FRANÇAISE (XVIIIe SIÈCLE)

44 — *Costume d'homme.*

Aquarelle.

Haut., 28 cent. 5; larg., 21 cent. 5.

ÉCOLE FRANÇAISE (XVIIIe SIÈCLE)

Deux pendants.

45-46 — *Psyché et l'Amour*

Deux dessins à la sanguine, de forme ovale.

Chaque : haut., 6 cent. 8; larg., 5 cent. 5.

ÉCOLE FRANÇAISE (XVIIIe SIÈCLE)

47 — *Portrait d'homme.*

Crayons de couleur et mine de plomb.
De forme ronde.
Signé à droite/B G. et daté : 1784.

Diamètre, 13 cent.

ÉCOLE FRANÇAISE (XVIIIe SIÈCLE)

48 — *Le château sur la colline.*

Pierre noire, avec rehauts de blanc, sur papier bleu (jauni).

Haut., 34 cent. 9; larg., 49 cent.

ÉCOLE FRANÇAISE (XVIIIe SIÈCLE)

49 — *L'arc de Janus, derrière le palais des Empereurs à Rome.*

Sanguine.

Haut., 36 cent.; larg., 52 cent. 4.

ÉCOLE FRANÇAISE (XVIIIe SIÈCLE)

50 — *Vue d'un parc, en Italie.*

Pierre noire et estompe, avec rehauts de craie, sur papier bleu.

Haut., 28 cent. 5; larg., 41 cent.

ESCHARD (CHARLES)

Caen, 1748. † après 1783.

51 — *Le violoneux.*

Sanguine.

Haut., 20 cent. 2 ; larg., 9 cent. 7.

A figuré sous le n° 279 à l'Exposition des Petits-Maîtres du XVIIIe siècle, Paris, juin 1920.

FAVRAY (LE CHEVALIER ANTOINE DE)

Bagnolet, 1706. † Malte, 1791.

52 — *Portrait d'une dame de Malte.*

Crayon noir.

On lit dans le bas, d'une écriture ancienne : « *de malthe, ce* 26 *Avril* 1776. *Le chevalier de Favray.* »

Haut., 11 cent. 5; larg., 12 cent. 5.

A figuré sous le n° 281 à l'Exposition des Petits-Maîtres du XVIIIe siècle, Paris, juin 1920.

FREUDEBERG (SIGISMOND)

Berne, 1745. † Berne, 1801.

53 — *Le cabaret suisse.*

Aquarelle.

Haut., 9 cent. 5; larg., 11 cent. 9.

GRAVELOT (HUBERT-FRANÇOIS BOURGUIGNON D'ANVILLE, dit)

Paris, 1699. † Paris, 1773.

54 — *Portrait d'homme.*

Sanguine.

De forme ronde.

Diamètre, 13 cent. 5.

GREUZE (JEAN-BAPTISTE)

Tournus, 1725. † Paris, 1806.

55 — *L'enfant au bourrelet.*

Sanguine.

Haut., 25 cent. 5; larg., 24 cent. 4.

GREUZE (JEAN-BAPTISTE)

56 — *L'Amour sacrifiant ses ailes à l'Amitié.*

Lavis d'encre de Chine et plume.

Haut., 36 cent. 7; larg., 26 cent.

GREUZE (JEAN-BAPTISTE)

57 — *Feuille de trois études de mains.*

Sanguine.

Haut., 31 cent. 5; larg., 49 cent. 2.

HOUEL (JEAN-PIERRE-LOUIS-LAURENT)

Rouen, 1735. † Paris, 1813.

58 — *La solfataria à Pouzzoles.*

Gouache.

En bas, en marge, l'annotation à la gouache : *La Solfataria.*

Haut., 24 cent. 1/2; larg., 38 cent. 1/2.

HUET (JEAN-BAPTISTE)

Paris, 1745 † Paris, 1811.

59 — *Les amours jardiniers.*

Lavis de sépia et mine de plomb.
Signé et daté 1788.

Haut., 10 cent.; larg., 15 cent. 5.

HUET (JEAN-BAPTISTE)

60 — *Le petit paysan*

Aux deux crayons.

Haut., 19 cent. 5; larg., 13 cent. 4.

HUET (JEAN-BAPTISTE)

61 — *Dinde et dindon.*

Lavis d'encre de Chine et de sanguine, avec quelques traits à la mine de plomb.
Signé et daté : 1780.

Haut., 13 cent. 3; larg., 20 cent. 5.

HUET (JEAN-BAPTISTE)

62 — *Dindon et poule.*

Lavis d'encre de Chine et de sanguine, avec quelques traits à la mine de plomb.

Signé et daté : 1780.

Haut., 12 cent. 5; larg., 16 cent. 9.

KÖNIG (FRANS-NIKLAUS)

Berne, 1765. † Berne, 1832

63 — *Le chalet bernois.*

Crayon noir et lavis d'encre de Chine.

Signé à gauche en bas et daté : 1799.

Haut., 20 cent.; larg., 26 cent.

LAGRENÉE aîné (LOUIS-JEAN-FRANÇOIS)

Paris, 1724. † Paris, 1805.

Pendant du suivant.

64 — *Diane surprise au bain par Actéon.*

Lavis de sépia sur trait de plume.

En forme d'écran en largeur.

Signé.

Légendé dans la marge inférieure, de la main de Lagrenée : « *Dianne surprise au bain par Actéon, elle le change en cerf.* »

Haut., 18 cent. 4; larg., 22 cent.

LAGRENÉE aîné (LOUIS-JEAN-FRANÇOIS)

Pendant du précédent.

65 — *Galatée se jouant sur les eaux.*

Lavis de sépia sur trait de plume.

En forme d'écran en largeur.

Signé.

Légendé dans la marge inférieure, de la main de Lagrenée : « *Galatée se jouant sur les eaux avec plus. Tritons.* »

Haut., 18 cent.; larg., 21 cent.

LAJOUE (JACQUES DE)

Paris, 1687. † Paris, 1761.

66 — *Suzanne et les vieillards.*

Plume, lavis d'encre de Chine et de bistre.
Signé à gauche en bas et daté : 1780.

Haut., 20 cent.; larg., 38 cent. 1/2.

LALLEMAND (JEAN-BAPTISTE)

Vers 1710. † Vers 1805.

67 — *Feuille de quatre sujets pour vignettes. Scènes galantes.*

Dessins à la plume et au lavis de sépia et d'encre de Chine.
On lit dans la marge inférieure, d'une écriture ancienne : « *Lallemand père.* »

Haut., 19 cent. 2; larg., 14 cent. 5.

Collection Ph. de Chennevières (marque Lugt n° 2073).
A figuré sous le n° 318 à l'Exposition des Petits-Maîtres du XVIIIe siècle. Paris, juin 1920.

LALLEMAND (JEAN-BAPTISTE)

68 — *Le port de Gênes.*

Lavis d'encre de Chine.

Haut., 23 cent. 8; larg., 36 cent. 6.

LALLEMAND (JEAN-BAPTISTE)

69 — *Le charlatan.*

Lavis d'encre de Chine avec quelques rehauts de gouache.
Signé.

Haut., 22 cent.; larg., 34 cent.

LALLEMAND (JEAN-BAPTISTE)

70 — *Les baigneuses surprises.*

Lavis d'encre de Chine sur trait de plume.
Signé.

Haut., 11 cent. 6; larg., 16 cent. 7.

LALLEMAND (JEAN-BAPTISTE)

71 — *Intérieur d'église.*

Lavis d'encre de Chine.

Haut., 23 cent. 3; larg., 33 cent. 2.

Collection Ph. de Chennevières (marque Lugt n° 2073).

LANCRET (NICOLAS)

(attribué à)

Paris, 1690. † Paris, 1743.

72 — *Un officier.*

Lavis d'encre de Chine avec rehauts à l'aquarelle.
Mis au carreau.

Haut., 26 cent. 5; larg., 19 cent.

LA RUE (PHILIBERT-BENOIT DE)

Paris, 1718. †...

73 — *Costumes militaires; quatre dessins montés sur une feuille.*

Plume et lavis de sépia.
Chacun d'eux est signé des initiales L. R.
Cachet de monteur : FR (Lugt n° 1042).

Chaque dessin : haut., 16 cent. 4; larg., 12 cent. 2.
Ont figuré sous le n° 324 à l'Exposition des Petits-Maîtres du XVIIIe siècle, Paris, juin 1920.

LA RUE (PHILIBERT-BENOIT DE)

74 — *Défilé de troupes.*

Lavis de sépia et d'encre de Chine, et plume.
Signé des initiales L. R.

Haut., 12 cent.; larg., 31 cent. 8.

LA RUE (LOUIS-FÉLIX DE)

Paris, 1731. † Paris, 1826

75 — *Vénus.*

Lavis d'encre de Chine et plume.
Signé et daté : 1764.

Haut., 21 cent. 5; larg., 12 cent. 7.

LANGLOIS (EUSTACHE-HYACINTHE)

Pont-de-l'Arche, 1777. † Rouen, 1837.

76 — *La foire de Saint-Romain.*

Lavis d'encre de Chine et plume.
Annoté au verso : « *Foire de Saint-Romain, hy. Langlois, offert par Monsieur André Pottiet, bibliothécaire de la ville de Rouen.* »

Haut., 17 cent. 8; larg., 27 cent. 7.

LEBARBIER l'aîné (JEAN-JACQUES-FRANÇOIS)

Rouen, 1738. † Paris, 1826.

Pendant du suivant.

77 — *Bacchanale.*

Composition entourée de six filets, avec bande aquarellée de vert, formant monture ancienne.
Lavis de sépia sur trait de plume.
On lit en marge, d'une écriture ancienne : « *Barbier.* »

Haut., 36 cent. 5; larg., 47 cent. 8.

LEBARBIER l'aîné (JEAN-JACQUES-FRANÇOIS)

Pendant du précédent.

78 — *Sacrifice au Dieu Pan.*

Composition entourée de six filets avec bande aquarellée de vert, formant monture ancienne.

Lavis de sépia avec quelques rehauts de sanguine, sur trait de plume.

On lit en marge, d'une écriture ancienne : « *Barbier* ».

Haut. 36 cent. 2 ; larg. 47 cent. 8.

LEDOUX (CLAUDE-NICOLAS)

Dormant, 1736. † Paris, 1806.

79 — *Cortège triomphal.*

Lavis d'encre de Chine et plume.

En forme de frise.

Annoté au verso, d'une écriture ancienne : « *Ce dessin est de Mr Le Doux, architecte de Mme du Barry, fait en* 1757. »

Haut., 8 cent. 2; larg., 26 cent. 5.

A figuré sous le n° 331 à l'Exposition des Petits-Maîtres du XVIIIe siècle, Paris, juin 1920.

LEDOUX (CLAUDE-NICOLAS)

80 — *Vue du jardin Boboli, à Florence.*

Lavis d'encre de Chine, avec rehauts de sépia et de gouache.

Légendé au verso, d'une écriture ancienne : « *Veduta del Giardino di Boboli in Firenze.* »

Haut., 15 cent. 2; larg., 26 cent. 5.

A figuré sous le n° 332 à l'Exposition des Petits-Maîtres du XVIIIe siècle, Paris, juin 1920.

LEGILLON (JEAN-FRANÇOIS)

Bruges, 1739. † Paris, 1797.

Pendant du suivant.

81 — *Paysage avec ruines et cascade.*

Sanguine.

Haut., 17 cent. 4; larg., 13 cent. 9.

A figuré sous le n° 334 à l'Exposition des Petits-Maîtres du XVIIIe siècle, Paris, juin 1920.

LEGILLON (JEAN-FRANÇOIS)

Pendant du précédent.

82 — *Paysage avec ruines.*

Sanguine.

Haut., 17 cent. 5; larg., 14 cent. 2.

A figuré sous le n° 333 à l'Exposition des Petits-Maîtres du XVIIIe siècle, Paris, juin 1920.

LEMERCIER

(architecte)

École française, XVIIIe siècle.

83 — *Défilé des troupes françaises à Naples, en 1795.*

Aquarelle.
Signée et datée : 1795.

Haut., 38 cent. 1/2; larg., 55 cent.

A figuré sous le n° 599 à l'Exposition des Petits-Maîtres du XVIIIe siècle, Paris, juin 1920.

LÉPICIÉ (NICOLAS-BERNARD)

Paris, 1735. † Paris, 1784.

84 — *Scène de marché.*

Lavis d'encre de Chine et plume.
Signé.

Haut., 10 cent. 8; larg., 16 cent. 4.

A figuré sous le n° 576 à l'Exposition des Petits-Maîtres du XVIIIe siècle, Paris, juin 1920.

LÉPICIÉ (NICOLAS-BERNARD)

85 — *Feuille d'études : deux têtes d'enfants.*

Aux deux crayons, avec quelques légers rehauts de blanc, sur papier teinté.

Signé.

Cachet de collection.

Haut., 10 cent. 2; larg., 18 cent. 6.

LEPRINCE (JEAN-BAPTISTE)

Metz, 1733. † Saint-Denis-du-Port, 1781.

86 — *Feuille d'étude : six études de têtes disposées sur trois rangs de deux sujets.*

Crayon bistre.

Haut., 24 cent. ; larg., 18 cent.

LOUTHERBOURG (JACQUES-PHILIPPE)

Strasbourg, 1740. † Londres, 1813.

87 — *Le fumeur.*

Crayon noir avec rehauts de blanc sur papier chamois.

Annoté sur la monture d'une écriture ancienne : « *Dessiné par Loutherbourg et envoyé de Londres à..... Juin* 1778. »

Haut., 22 cent. 6; larg., 18 cent..

A figuré sous le n° 368 à l'Exposition des Petits-Maîtres du XVIII° siècle, Paris, juin 1920.

MASQUELIER (LOUIS-JOSEPH)

Cysoing, près Lille, 1741. † Paris, 1811.

88 — *Portrait d'homme.*

Lavis de sépia avec quelques traits de plume.

Signé dans le bas du médaillon : « *L.-J. Masquelier fecit* 1760. »

Haut., 23 cent.; larg., 19 cent. 4.

A figuré sous le n° 379 à l'Exposition des Petits-Maîtres du XVIII° siècle, Paris, juin 1920.

MAYER (Mlle CONSTANCE)

(attribué à)

Paris, 1778. † Paris, 1821

89 — *Portrait de jeune fille.*

Pierre noire et estompe, avec rehauts de blanc, sur papier chamois.

Haut., 35 cent.; larg., 27 cent.

MEUNIER

Ecole française XVIIIe siècle.

Collabora au « Voyage pittoresque de la France » publié par B. de La Borde, etc. Paris 1781-1796.

90 — *Projet pour un château*

Aquarelle, sur trait de plume.

Haut., 27 cent.; larg., 82 cent.

NATOIRE (CHARLES-JOSEPH)

Nîmes, 1700. † Castel Gandolfo, 1777.

91 — *Bacchus et Silène.*

Pierre noire et estompe, avec rehauts de blanc, sur papier chamois. Cintré dans le haut.

Haut., 39 cent.; larg., 26 cent.

NATOIRE (CHARLES-JOSEPH)

92 — *L'aqueduc d'Arcueil.*

Lavis de sépia sur trait de plume et de crayon noir, avec rehauts à la gouache et au lavis de jaune, sur papier bleu.

Signé et légendé par l'artiste : « *C. Natoire* 1747, *acqueduc d'arqueil.* »

Haut., 21 cent.; larg., 33 cent..

NATTIER (JEAN-MARC)

Paris, 1685. † Paris, 1766.

93 — *Portrait du comte de La Chastre.*

Sanguine.

Annoté dans le bas d'une écriture ancienne : « *Mr le Conte (sic) de la Chastr.* »

Cachet de collection non identifiée J. P. R. (Lugt n° 1510).

Haut., 14 cent. 5; larg., 12 cent., 2.

NATTIER (JEAN-MARC)

(attribué à)

94 — *Portrait de M. Dumas de la Compagne.*

Sanguine.

Annoté dans le bas, d'une écriture ancienne : « *Mr dumas de la compagn.....* »

Cachet de collection non identifiée : J. P. R. (Lugt n° 1510).

Haut., 15 cent. 6 ; larg., 11 cent. 7.

NICOLLE (VICTOR-JEAN)

Paris, 1754. † Paris, 1826.

95 — *Vue de Rome, prise du Colisée.*

Lavis de sépia et d'encre de Chine sur trait de plume.

Signé à gauche vers le bas : « *V.-J. Nicolle* » et légendé par l'artiste dans l'angle supérieur gauche : « *Vue prise dessus le colisée, entre une arcade.* »

Haut., 15 cent. 5; larg., 21 cent. 4.

NICOLLE (VICTOR-JEAN)

96 — *Bords du Tibre, à Rome.*

Lavis d'encre de Chine et de sépia, sur trait de plume.

Signé dans l'angle inférieur gauche : « *V.-J. Nicolle.* »

Haut., 12 cent. 2; larg., 23 cent. 2.

NILSON (JOHANN-ESAIAS)

Augsbourg, 1721. † 1788.

97 — *Composition allégorique.*

Lavis d'encre de Chine.

Haut., 21 cent.; larg., 16 cent.

NORBLIN DE LA GOURDAINE (JEAN-PIERRE)

Misy-Fault, 1745. † Paris, 1830.

98 — « *Le charlatan de la place des Victoires* ».

Lavis d'encre de Chine.
Signé sur l'obélisque : « *1797 N. f.* » et légendé au verso par l'artiste.

Haut., 18 cent. 6; larg., 20 cent. 4.

A figuré sous le nº 413 à l'Exposition des Petits-Maîtres du XVIIIe siècle, Paris, juin 1920.

NORBLIN DE LA GOURDAINE (JEAN-PIERRE)

Pendant du suivant.

99 — *Halte de soldats.*

Lavis de bistre sur trait de plume.
Signé dans l'angle inférieur droit : « *Norblin de la Gourd.*, 1773.

Haut., 35 cent.; larg., 47 cent. 3.

NORBLIN DE LA GOURDAINE (JEAN-PIERRE)

Pendant du précédent.

100 — *Halte de soldats.*

Lavis de bistre sur trait de crayon.
Signé à droite, vers le bas : « *Norblin de la Gourdaine*, 1773.

Cachet de collection.
On lit au verso de la monture : « *Provient du cabinet de Mr Depping (homme de lettres.) Vente du 3 février 1854.* »

Haut., 35 cent.; larg., 47 cent. 3.

OLLIVIER (MICHEL-BARTHÉLEMY)

Marseille, 1712. † Paris, 1784.

101 — *L'attente.*

Pierre noire et sanguine.

Haut., 17 cent.; larg., 13 cent. 3.

OLLIVIER (MICHEL-BARTHÉLEMY)

102 — *La Rêverie.*

Au verso : Étude de femme assise.
Pierre noire et sanguine.

Haut., 19 cent.; larg., 14 cent. 8.

A figuré sous le n° 420 à l'Exposition des Petits-Maîtres du XVIIIe siècle, Paris, juin, 1920, sous le titre : *Femme assise.*

OLLIVIER (MICHEL-BARTHÉLEMY)

103 — *Jeune femme assise.*

Au verso : Étude d'homme assis.
Crayon noir.

Haut., 12 cent. 2; larg., 14 cent. 9.

OLLIVIER (MICHEL-BARTHÉLEMY)

104 — *Pierrot et Pierrette.*

Crayon noir, sanguine et estompe.

Haut., 15 cent. 9; larg., 21 cent. 8.

OUDRY (JEAN-BAPTISTE)

Paris, 1686. † Beauvais, 1755.

105 — *La terrasse du château.*

Crayon noir et rehauts de blanc.

Haut., 26 cent.; larg., 36 cent.

OUDRY (JEAN-BAPTISTE)

106 — *Combat de chiens et de loups.*

Lavis d'encre de Chine sur papier chamois.

Haut., 32 cent. 3; larg., 50 cent.

OUDRY (JEAN-BAPTISTE)

107 — *Combat de singes.*

Sanguine.

Haut., 32 cent. 5; larg., 50 cent. 5.

OUDRY (JEAN-BAPTISTE)

108 — *Le renard.*

Lavis de sépia sur trait de plume, avec rehauts de gouache, sur papier bleu.

Haut., 20 cent. 5; larg., 17 cent.

OUDRY (JEAN-BAPTISTE)

109 — *Le singe.*

Aquarelle sur trait de crayon noir.

Cachet de collection : O. Humphry (Lugt n° 1284).

Haut., 25 cent. 9; larg., 30 cent. 5.

OUDRY (JEAN-BAPTISTE)

110 — *Étude de chien.*

Aux crayons noir et blanc sur papier chamois.

Haut., 17 cent. 3; larg., 23 cent. 9.

OZANNE (NICOLAS-MARIE)

(attribué à)

Brest, 1728. † Paris, 1811.

111 — *Felouques vénitiennes.*

Pierre d'Italie.

Haut., 18 cent.; larg., 27 cent.

PAJOU (AUGUSTIN)

Paris, 1730. † Paris, 1809.

112 — *Dessin pour une médaille :* Securitas Publica.

Sujet dans un encadrement en forme de médaillon rond.
Crayon noir.
Signé en bas, à gauche : « *Pajou, f.* 1784 ».
Annoté au verso, de la main du graveur Pierre-Charles Baquoy.
« *J'ai attendu longtemps l'épure qui a été égarée au ministère. J'ai commencé ma gravure sur celle esquisse et n'ai pas pu la terminer. Reçu pour ce travail* 16 *livres de Mr Fourans* (?) *P. Baquoy.* »

(Sujet : diamètre, 23 cent. 4, sur feuille de haut, 29 cent. 5 ; larg. 23 cent. 8.)

PAJOU (AUGUSTIN)

113 — *Épisode de la vie de Camille.*

Lavis d'encre de Chine et de sépia sur trait de plume.

Haut., 15 cent. 8; larg., 28 cent.

Reproduit dans H. Stein : *Augustin Pajou*, Paris, 1912, page 224 et commenté même ouvrage, p. 225-226. Première pensée pour l'estampe : Pajou inv. 1771 et P. Martini sculp. 1776 (reproduite *op. cit.*, p. 225).

PARELE

Né et décédé à Rouen.

114 — *Le déjeuner.*

Crayon noir, sanguine et crayon blanc.
Signé en bas et daté 1771.
La signature est en partie effacée.

PARIZEAU (PHILIPPE-LOUIS)

Paris, 1740. † 1801.

115 — *Groupe d'enfants.*

Sanguine.
Signé et annoté par l'artiste : « *Dessiné à mont Seravé en* 1782. *Ph.-L. Parizeau.* »

Haut., 17 cent. 6; larg., 22 cent. 5.

A figuré sous le n° 432 à l'Exposition des Petits-Maîtres du XVIIIe siècle, Paris, juin 1920.

PARROCEL (CHARLES)

Paris, 1688. † Paris, 1752.

116 — *Le peintre malheureux.*

Haut., 14 cent. 6; larg., 10 cent. 6.

117 — *Le peintre heureux.*

Haut., 14 cent. 6; larg., 10 cent. 6.

Deux dessins à la plume et au lavis d'encre de Chine.

Sur la même monture ancienne, et légendés sur cette monture, d'une écriture de l'époque, au recto : « *Le Peintre pauvre* » « *Le Peintre riche* », et au verso : « *Le Peintre malheureux* » « *Le Peintre heureux.* »

PARROCEL (CHARLES)

118 — *Choc de cavaliers.*

Lavis de bistre et rehauts de gouache.

Haut., 44 cent.; larg., 58 cent.

PARROCEL (PIERRE)

Avignon, 1670. † Paris, 1739.

119 — *Feuille d'études : une tête de femme, une main, un bras.*

Pierre noire et estompe avec rehauts de blanc, sur papier chamois.

Haut., 26 cent.; larg., 34 cent.

PARROCEL (PIERRE)

120 — *Feuille d'études : les bras de la chanteuse.*

Pierre noire, avec rehauts de blanc, sur papier chamois,
Légendé dans le bas, à gauche, par l'artiste.

Haut., 13 cent. 2; larg., 2[illegible] cent. [illegible].

PIERRE (JEAN-BAPTISTE-MARIE)

Paris, 1714. † Paris, 1789.

121 — *L'été.*

Lavis d'encre de Chine et rehauts de gouache.

Haut., 26 cent.; larg., 17 cent.

PIERRE (JEAN-BAPTISTE-MARIE)

122 — *L'hiver.*

Lavis d'encre de Chine avec rehauts de gouache, sur papier bleu. Au verso, croquis représentant un mandarin assis à côté d'un autre personnage, dans une jonque, sous un dais. A la pierre noire.

Haut., 24 cent. 7; larg., 19 cent. 3.

A figuré sous le n° 583 à l'Exposition des Petits-Maîtres du XVIIIe siècle, Paris, juin 1920.

PIERRE (JEAN-BAPTISTE-MARIE)

123 — « *Achille poursuit les Troyens dans les fleuves de Scamandre et du Simoïs.* »

Lavis d'encre de Chine.
Signé dans l'angle inférieur gauche : *Pierre f.* »
Légendé sur la monture d'une écriture ancienne.

Haut., 29 cent.; larg., 39 cent. 8.

PIERRE (JEAN-BAPTISTE-MARIE)

124 — *Amour au miroir et au serpent.*

Pierre noire avec rehauts de blanc, sur papier chamois.

Haut., 33 cent. 8 ; larg., 21 cent.

PIERRE (JEAN-BAPTISTE-MARIE)

125 — *Amour à la colonne.*

Pierre noire, avec rehauts de blanc sur fond chamois.

Haut., 33 cent. 8; larg., 21 cent.

PILLEMENT (JEAN)

Lyon, 1727. † Lyon, 1808.

Pendant du suivant.

126 — *La Musique.*

Pierre noire et estompe.
Signé.

Haut., 30 cent.; larg., 32 cent.

PILLEMENT (JEAN)

Pendant du précédent.

127 — *La Pêche.*

Pierre noire et estompe.
Signé.

Haut., 30 cent.; larg., 32 cent.

PILLEMENT (JEAN)

Pendant du suivant.

128 — *Les petites bergères.*

Crayon noir et estompe

Haut., 16 cent. 6; larg., 24 cent. 1.

PILLEMENT (JEAN)

Pendant du précédent.

129 — *Les jeunes paysans.*

Crayon noir et estompe.

Haut., 17 cent. 9; larg., 23 cent.

PILLEMENT (JEAN)

130 — *Le berger.*

Pierre noire, sanguine et estompe.
De forme ronde.

Diam., 18 cent. 5.

PILLEMENT (JEAN)

131 — *Paysage avec une tour.*

Crayon noir sur peau de vélin.
De forme ronde.

Diam., 15 cent. 2.

PORTAIL (JACQUES-ANDRÉ)

Nantes? † Versailles, 1759.

132 — *La charrette brisée.*

Crayon noir.

Haut., 23 cent. 1; larg., 32 cent. 2.

PRÉVOST (BENOIT-LOUIS)

Paris, 1747. † Paris, 1804.

133 — *Portrait de M. Rousselle, fermier général.*

Ce portrait est découpé en forme de médaillon ovale, et rapporté sur le fond qui simule un cadre orné d'un ruban et de guirlandes de fleurs accroché au mur par une cordelette, auprès d'une fenêtre qui est à gauche. Sous le portrait, sur une table, on voit plusieurs objets parmi lesquels deux livres et une enveloppe sur laquelle on lit

« *A Monsieur Monsieur Rousselle fermier général du Roy, rue des petit* (sic) *Champs, à Paris.* »

Mine de plomb.

On lit dans l'angle inférieur droit, au bas d'une feuille sur laquelle sont dessinées des plantes: « *J.-J. Prévost inv. et fecit,* 1766. »

Haut., 37 cent. 4 ; larg., 26 cent. 5.

PRUD'HON (PIERRE-PAUL.)

Cluny, 1758. † Paris, 1823.

134 — *Feuille de deux études d'une même femme assise vêtue à la mode de* 1815.

Pierre noire et estompe avec rehauts de blanc, sur papier bleu.
Au verso, croquis d'une femme en buste, de face, au crayon noir.

Haut., 22 cent. 2; larg., 20 cent. 1.

PRUD'HON (PIERRE-PAUL.)

135 — *Feuille de cinq études de femmes.*

Pierre noire avec rehauts de blanc, sur papier bleu.
Au verso, croquis représentant une fête foraine : à la pierre noire.

Haut., 22 cent. 3; larg., 39 cent. 8.

PRUD'HON (PIERRE-PAUL)

136 — *Feuille de deux études de la même femme debout vêtue à la mode de* 1815.

Pierre noire et estompe, avec rehauts de blanc, sur papier bleu.

Haut., 19 cent. 8; larg., 18 cent. 8.

PRUD'HON (PIERRE-PAUL)

137 — *Feuille d'études : quatre femmes vêtues à la mode de* 1815.

Pierre noire et estompe, avec rehauts de blanc, sur papier bleu.

Haut., 19 cent.; larg., 30 cent.

PRUD'HON (PIERRE-PAUL)

138 — *Étude de femme vêtue à la mode de 1815.*

Pierre noire avec rehauts de blanc sur papier bleu.

Haut., 17 cent.; larg., 9 cent.

PRUD'HON (PIERRE-PAUL)

(attribué à)

139 — *Étude de draperie.*

Pierre noire et estompe avec rehauts de blanc sur papier bleu.

Haut., 21 cent. 3; larg., 28 cent.

RIDINGER (JOHANN-ELIAS)

Ulm, 1695. † Augsbourg, 1767.

140 — *Un cerf couché.*

Lavis de bistre et rehauts de gouache.

Haut., 28 cent.; larg., 30 cent.

ROBERT (HUBERT)

Paris, 1733. † Paris, 1808.

141 — *Ruines du palais de Cavarollo.*

Sanguine.
On lit en bas du dessin, vers la droite, de la main de l'artiste « *Cavarollo* ».

Haut., 41 cent. 8; larg., 32 cent. 7.

SUHR (CORNÉLIUS)

Hambourg, XVIIIe-XIXe siècle.

142 — *La visite pendant la toilette.*

Aquarelle.

Haut., 30 cent. 1/2; larg., 38 cent.

SWEBACH-DESFONTAINES (Jacques-François-José)

Metz, 1760. † Paris, 1823.

143 — *Arrivée au Louvre des trésors d'art de la Grande Armée.*

Plume et lavis de sépia.

Haut., 26 cent.; larg., 44 cent.

SWEBACH-DESFONTAINES (Jacques-François-José)

144 — *Combat de cavalerie.*

Lavis d'encre de Chine et plume avec rehauts de gouache, sur fond lavé de bleu.

Signé en bas au milieu : « *Sw. des fontaines*, 1792. »

Haut., 25 cent. 5; larg., 34 cent. 5.

A figuré sous le n° 495 à l'Exposition des Petits-Maîtres du XVIIIe siècle, Paris, juin 1920.

SWEBACH-DESFONTAINES (Jacques-François-José)

145 — *Bords de rivière.*

Aquarelle et plume.

Haut., 10 cent.; larg., 10 cent.

SWEBACH-DESFONTAINES (Jacques-François-José)

146 — *La vivandière.*

Aquarelle.

Haut., 5 cent. 5; larg., 7 cent.

TANCHE (Nicolas)

1740 — (?)

147 — *Une jeune fille.*

Lavis d'encre de Chine et de sépia.

Haut., 19 cent. 5; larg., 14 cent. 8.

TAUNAY (NICOLAS-ANTOINE)

Paris, 1785. + Paris, 1830.

148 — *Le retour des vainqueurs.*

Lavis de sépia sur trait de plume.
Signé : « T » dans l'angle inférieur droit.

Haut., 17 cent. 4; larg., 24 cent. 3.

THIÉRY (L.-V.)

Détails biographiques inconnus.

149 — *Allégorie nuptiale.*

Aquarelle et gouache.
Signée à droite vers le bas et datée 1808 avec la mention : *Aetatis suæ* 74.

Haut., 36 cent. ; larg., 49 cent.

TOUZÉ (JEAN)

Paris, 1747. + 1809.

150 — *Le duo.*

Lavis de sépia et plume.
De forme ovale.

Haut., 10 cent. 8; larg., 8 cent. 5.

TRINQUESSE (LOUIS-R.)

Vers 1755. + vers 1800.

151 — *Portrait d'homme.*

Sanguine de forme ronde.
Signée dans la marge : « *L. R. Trinquesse f.*, 1795. »

Diamètre, 14 cent. 7.

A figuré sous le n° 515 à l'Exposition des Petits-Maîtres du XVIIIe siècle, Paris, juin 1920.

VERNET (ANTOINE-CHARLES-HORACE, dit CARLE)

Bordeaux, 1758. † Paris, 1836.

152 — *Le gastronome en jouissance.*

Lavis d'encre de Chine, avec rehauts de gouache.

Gravé par Coqueret sous le titre : Le Gastronome en jouissance (la gravure porte par erreur, comme nom de dessinateur : Horace Vernet).

Haut., 28 cent. 3; larg., 10 cent. 3.

VERNET (CLAUDE-JOSEPH)

(attribué à)

Avignon, 1713. † Paris, 1789.

153 — *Vue de l'arsenal de Rochefort.*

Lavis de sépia, sur trait de plume et de crayon.

Haut., 42 cent. 2; larg., 57 cent.

VINCENT (FRANÇOIS-ANDRÉ)

Paris, 1746. † Paris, 1816.

154 — *Portrait du père Ruffin, Théatin.*

Crayon noir.

Signé et légendé par l'artiste : « *Le Père Ruffin Theatin. V.* 1780. »

En dessous de ce portrait, étude d'un chien couché; à la mine de plomb.

Au verso, deux croquis à la mine de plomb, signés et légendés à l'encre, représentant l'un, une « *partie du plafond de la chambre à coucher de henry 4 au Louvre* », l'autre, une « *partie du dessus de cheminée* » de la même chambre.

Haut., 44 cent. 4 ; larg., 29 cent.

A figuré sous le n° 527 à l'Exposition des Petits-Maîtres du XVIIIe siècle, Paris, juin 1920.

VINCENT (FRANÇOIS-ANDRÉ)

155 — *La jeune femme à l'éventail.*

Pierre d'Italie.

Haut., 36 cent.; larg., 20 cent.

VINCENT (FRANÇOIS-ANDRÉ)

156 — *Le liseur.*

Crayon noir.
Signé à l'encre dans l'angle inférieur gauche : « *Vincent f. en pleine mer*, 1771. »

Cachet de collection.

Haut., 26 cent.; larg., 16 cent. 7.

A figuré sous le n° 602 à l'Exposition des Petits-Maîtres du XVIIIe siècle, Paris, juin 1920.

VIOLET (PIERRE)

1749. ✝ Londres, 1819.

157 — *Le goutteux.*

Crayon noir.
Signé au-dessus du coussin.

Haut., 20 cent. 8; larg., 16 cent. 8.

A figuré sous le n° 528 à l'Exposition des Petits-Maîtres du XVIIIe siècle, Paris, juin 1920.

WATELET (CLAUDE-HENRI)

Paris, 1718. ✝ 1786.

158 — *L'escalier d'un palais romain.*

Plume et lavis d'encre de Chine.
Signé et daté sur le socle du buste, au bas de l'escalier : « *Watelet à rome*, 1763, *de la villa... vioni.* »

Haut., 19 cent. 5; larg. 16 cent.

A figuré sous le n° 533 à l'Exposition des Petits-Maîtres du XVIIIe siècle, Paris, juin 1920.

WATTEAU fils (FRANÇOIS-LOUIS-JOSEPH)

Valenciennes, 1758. † Lille, 1823.

159 — *Figure de mode.*

Mine de plomb.

Haut., 24 cent. 8; larg., 18 cent. 1.

WEBER (JEAN)

Londres, 1752. † 1793.

160 — *Le repos des moissonneurs.*

Lavis de bistre et d'aquarelle.
Signé en bas, à droite, et daté : 1774.

Haut., 16 cent.; larg., 22 cent.

WILLE fils (PIERRE-ALEXANDRE)

Paris. 1748. † Paris, 1821.

161 — « *Moulin de la fontaine de Véron.* »

Sanguine.
Annoté en haut, à droite, à la plume, de la main de l'artiste : *moulin de la fontaine de Véron, dessiné par P. A. Wille fils*, 1769. »

Haut., 27 cent. 9; larg., 35 cent. 4.

A figuré sous le n° 542 à l'Exposition des Petits-Maîtres du XVIIIe siècle, Paris, juin 1920.

WILLE fils (PIERRE-ALEXANDRE)

162 — *Portrait de femme.*

Sanguine.
Signé et daté à droite, sur l'épaule : « *P. A. Wille, février* 1769. »

Cachets de collections, l'un au recto, l'autre au verso.

Haut., 34 cent. 5; larg., 23 cent. 2.

XAVERY (FRANCISCUS)

Membre de la Confrérie de La Haye en 1768.

163 — *La dame au chien.*

Lavis d'encre de Chine.
Signé en bas, à droite.

Haut., 16 cent. 1/2; larg., 13 cent..

89.658. — IMPRIMERIE GÉNÉRALE LAHURE
9, RUE DE FLEURUS, A PARIS.

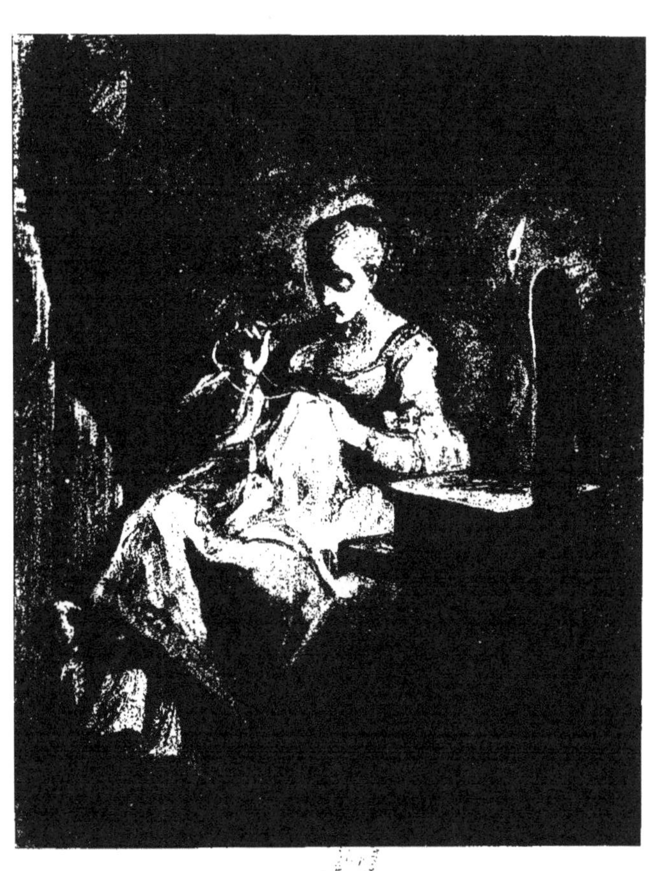

1

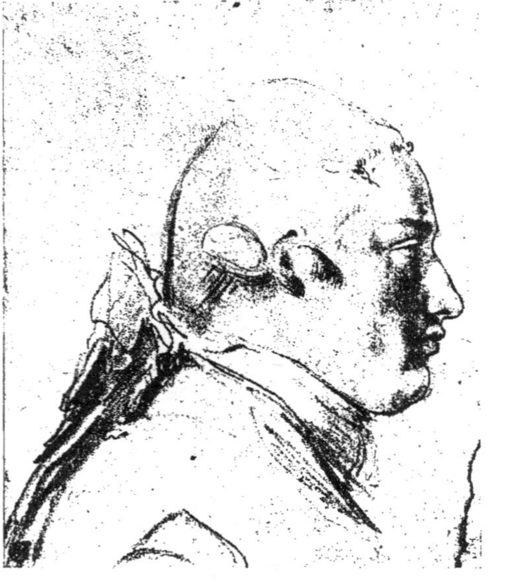

35

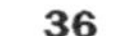

36

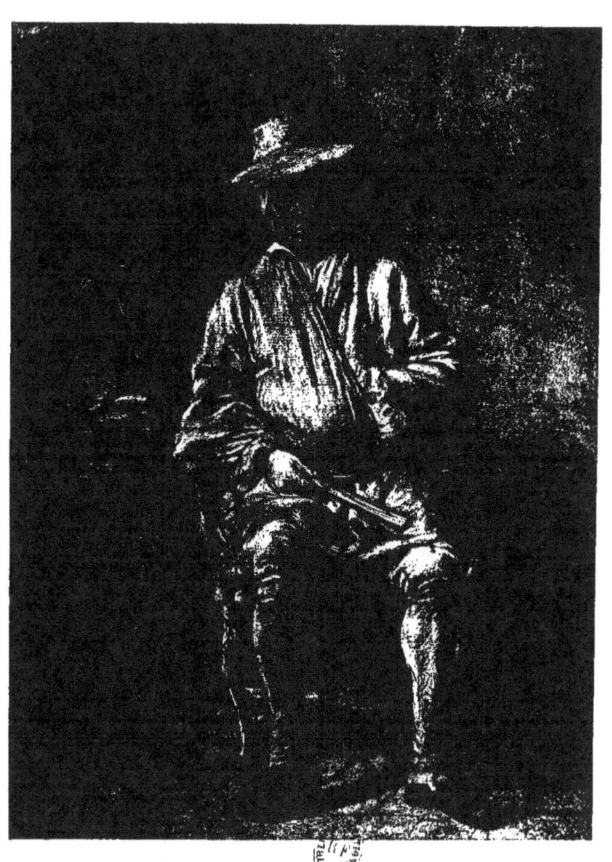

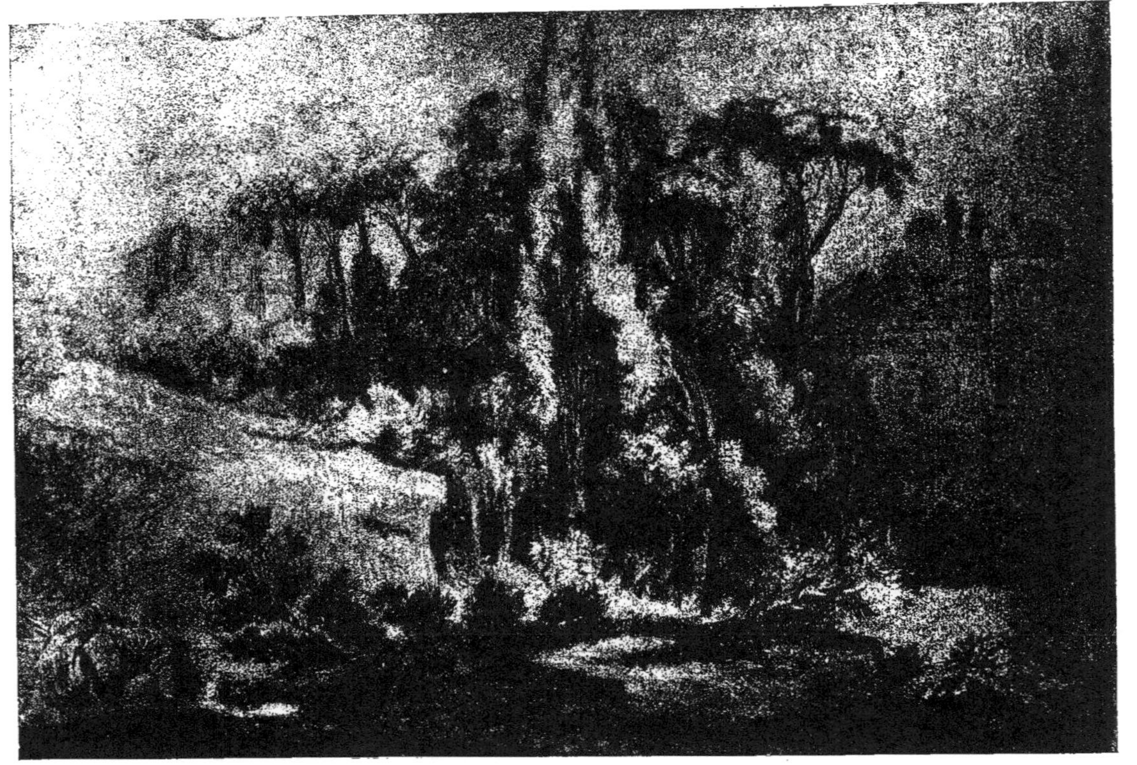

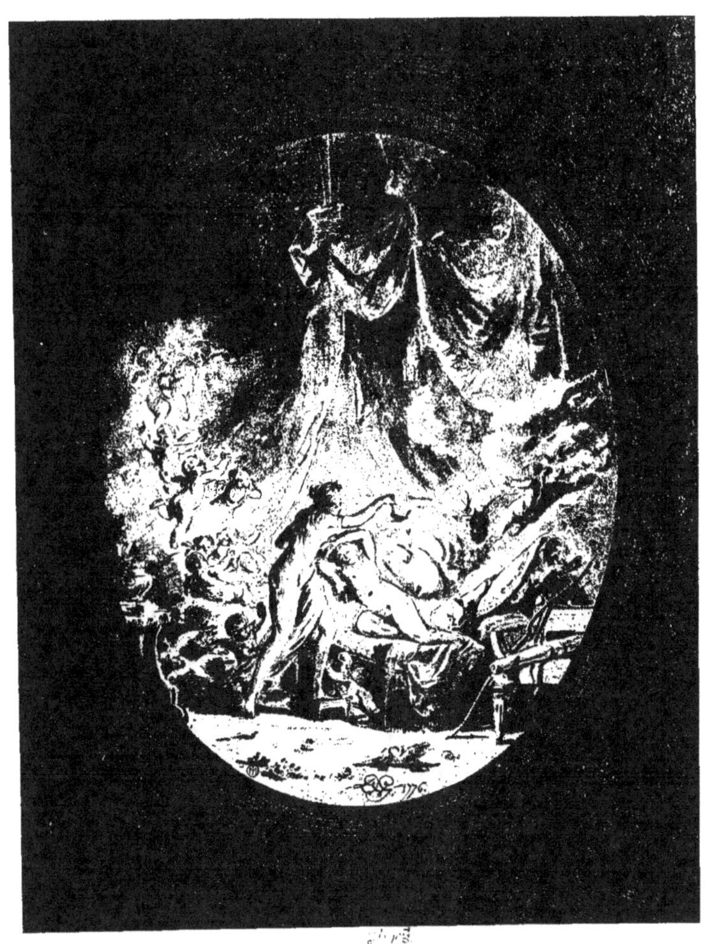

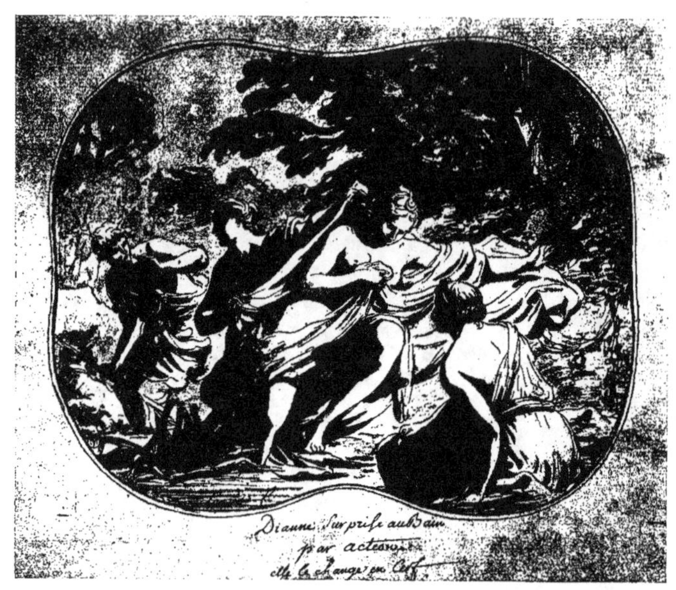

64

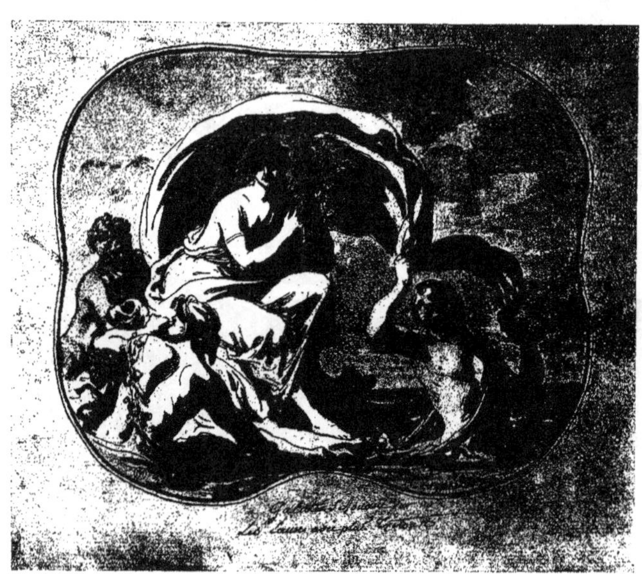

65

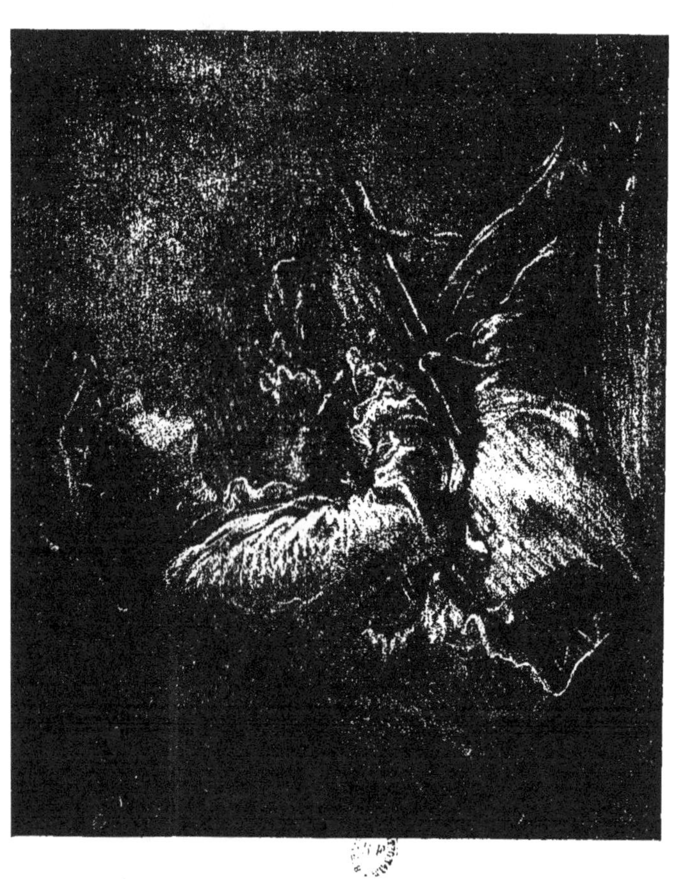

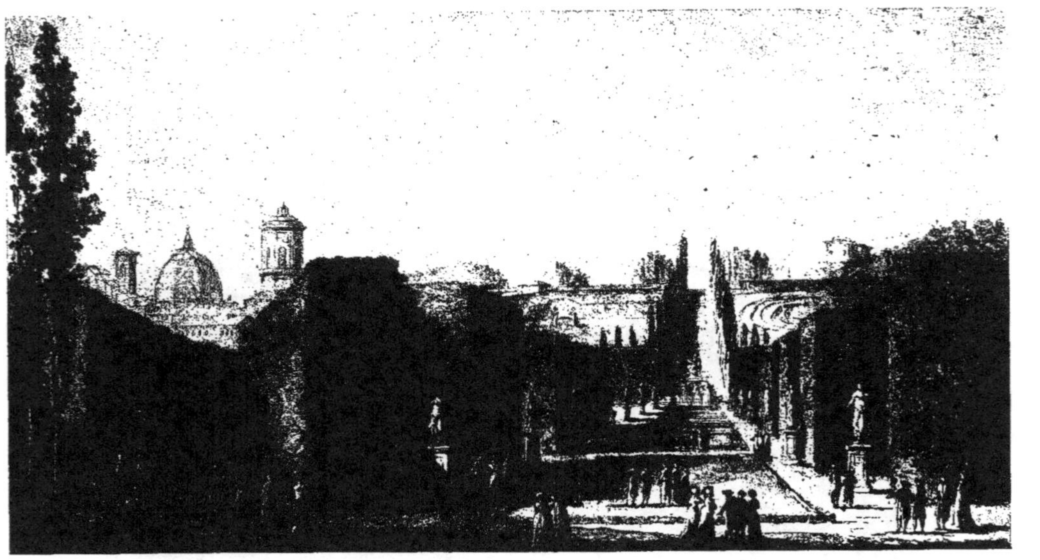

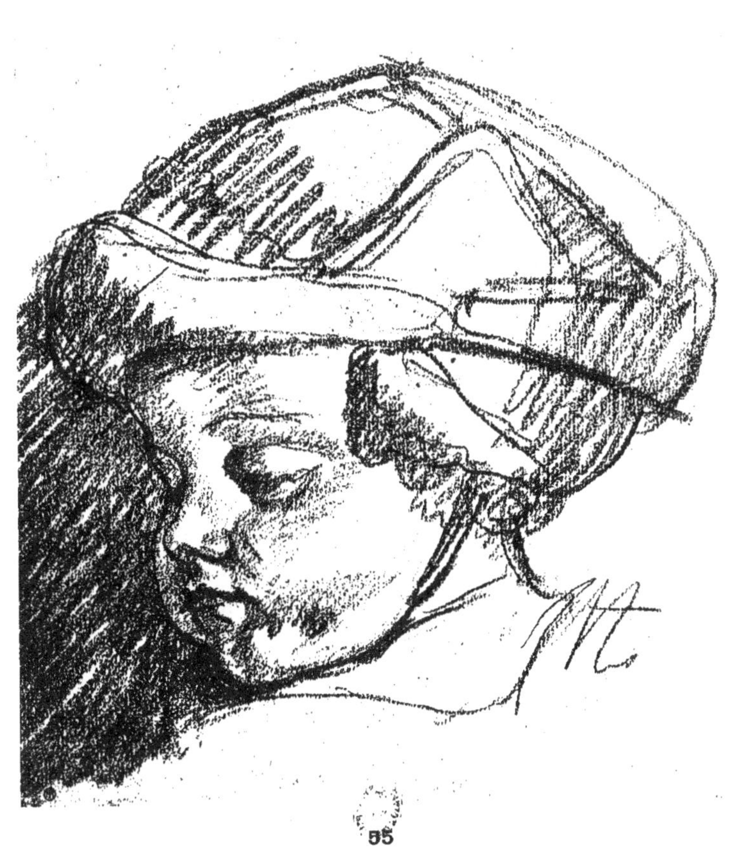

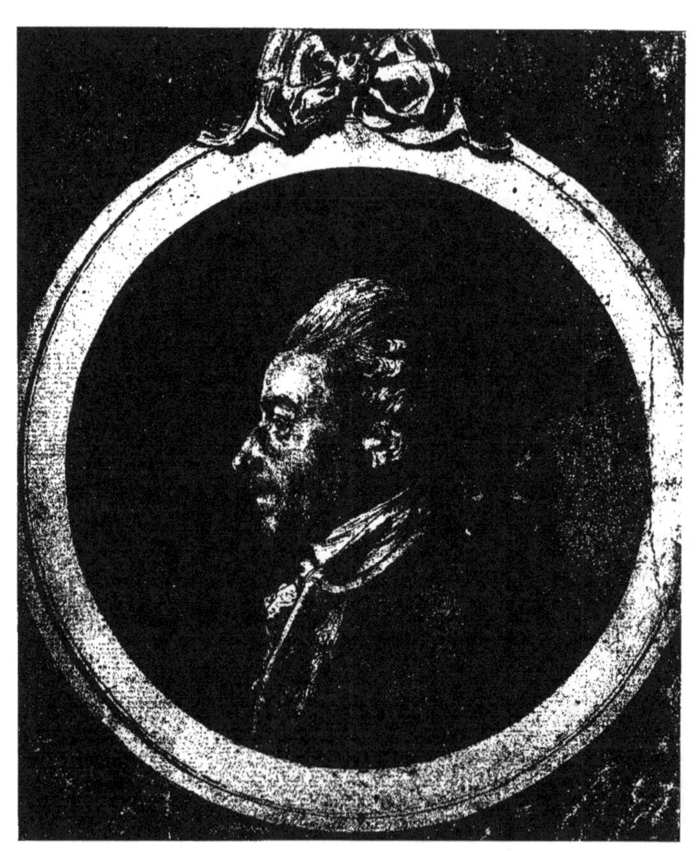

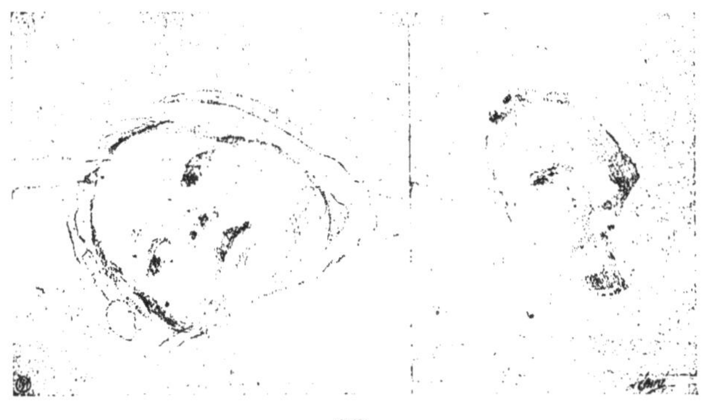

85

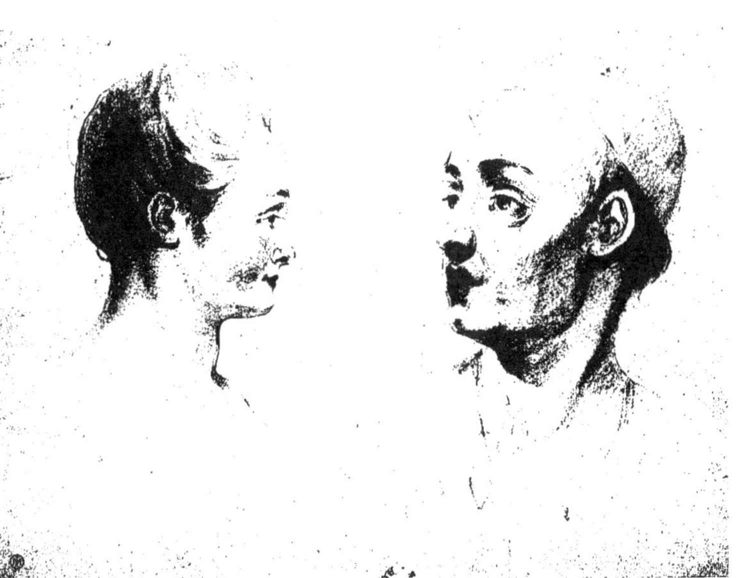

104

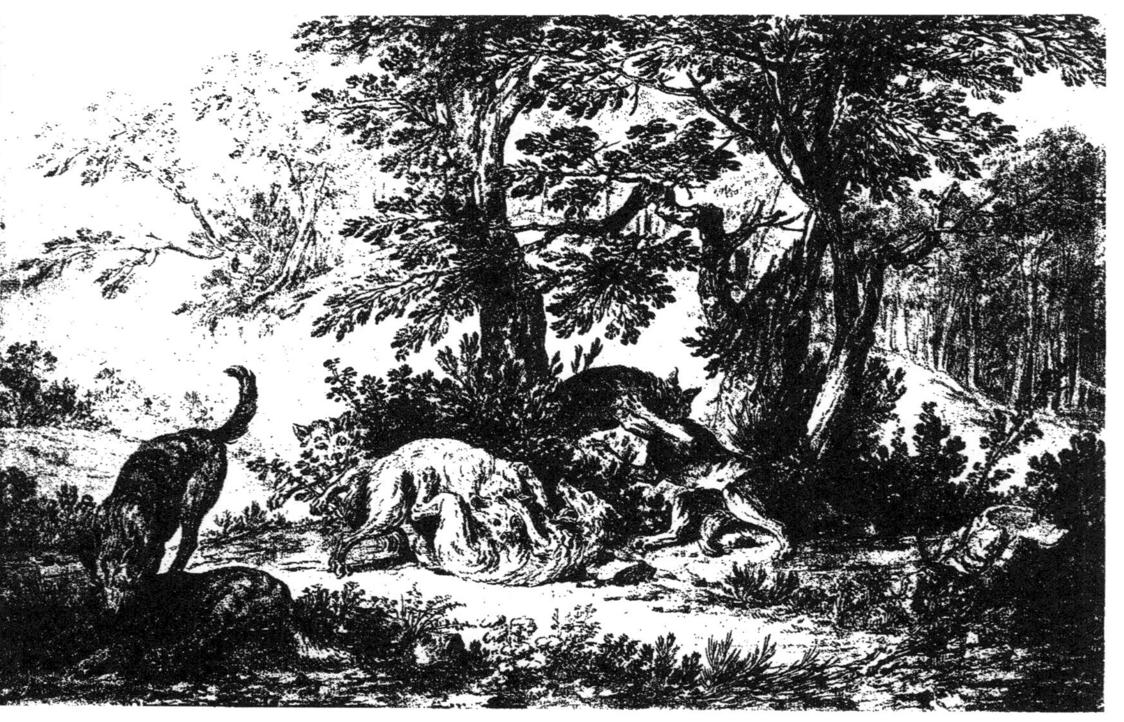

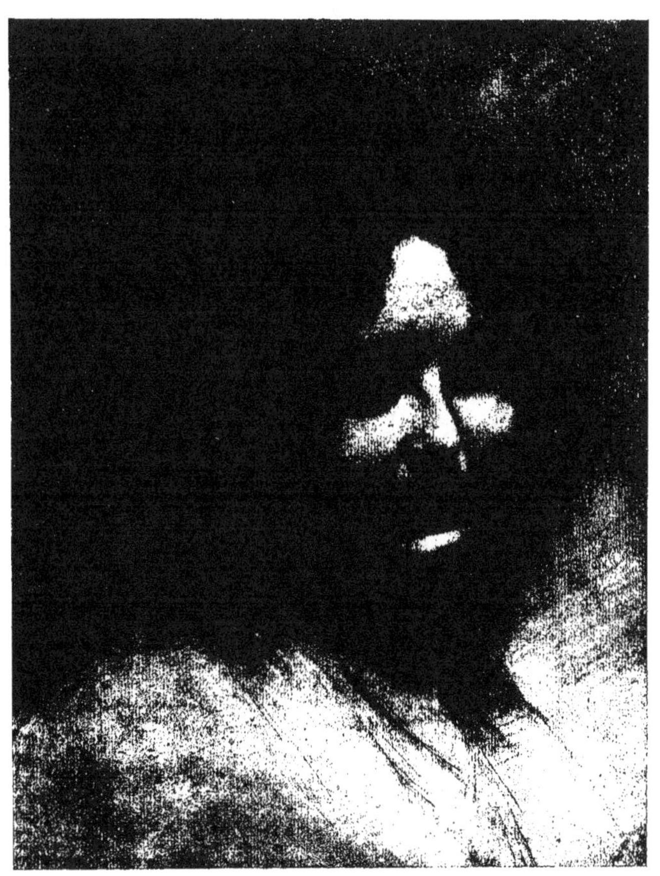

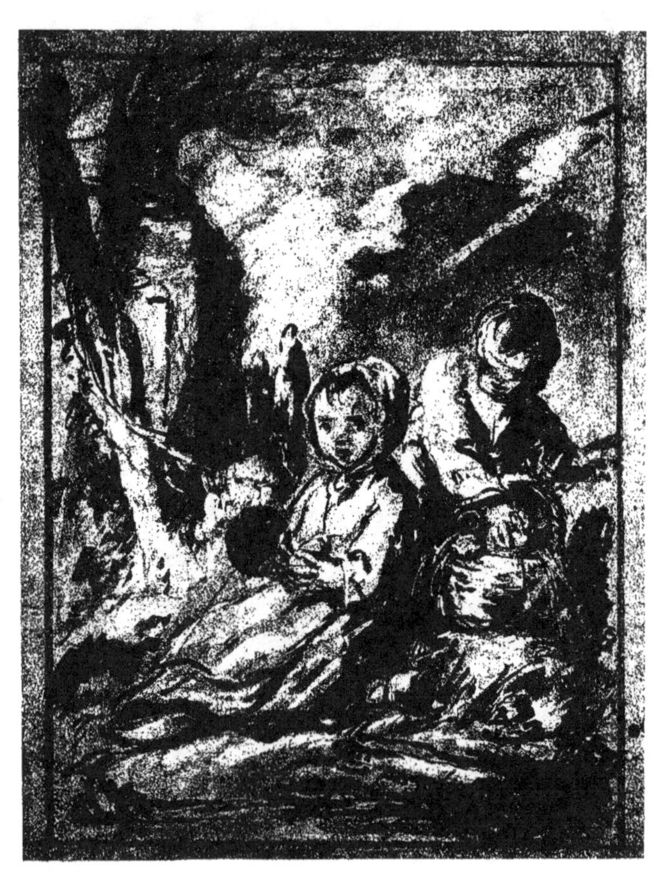

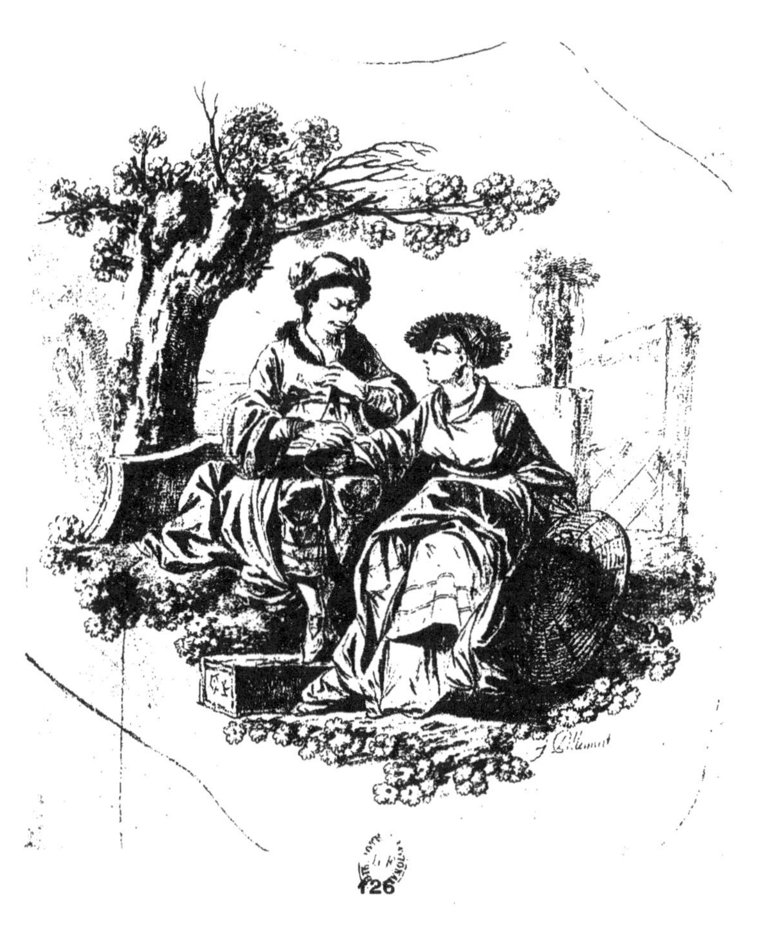

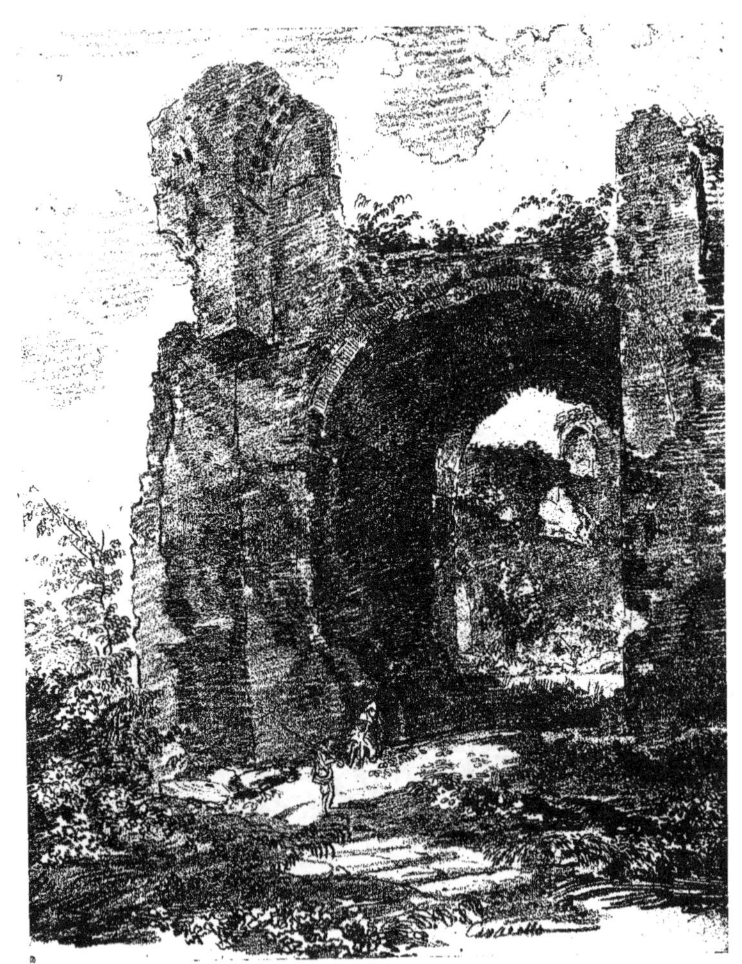

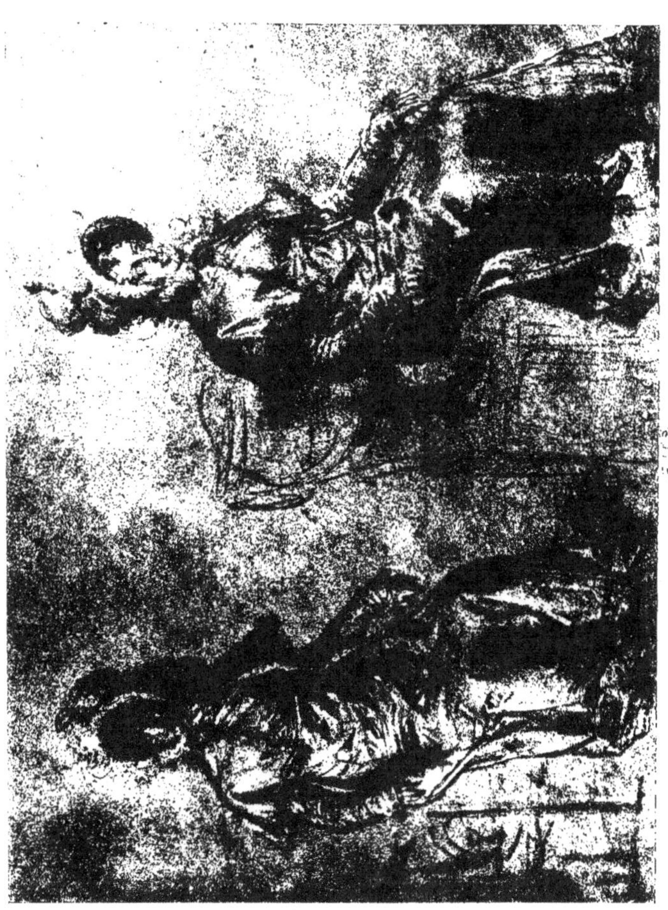

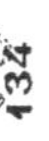

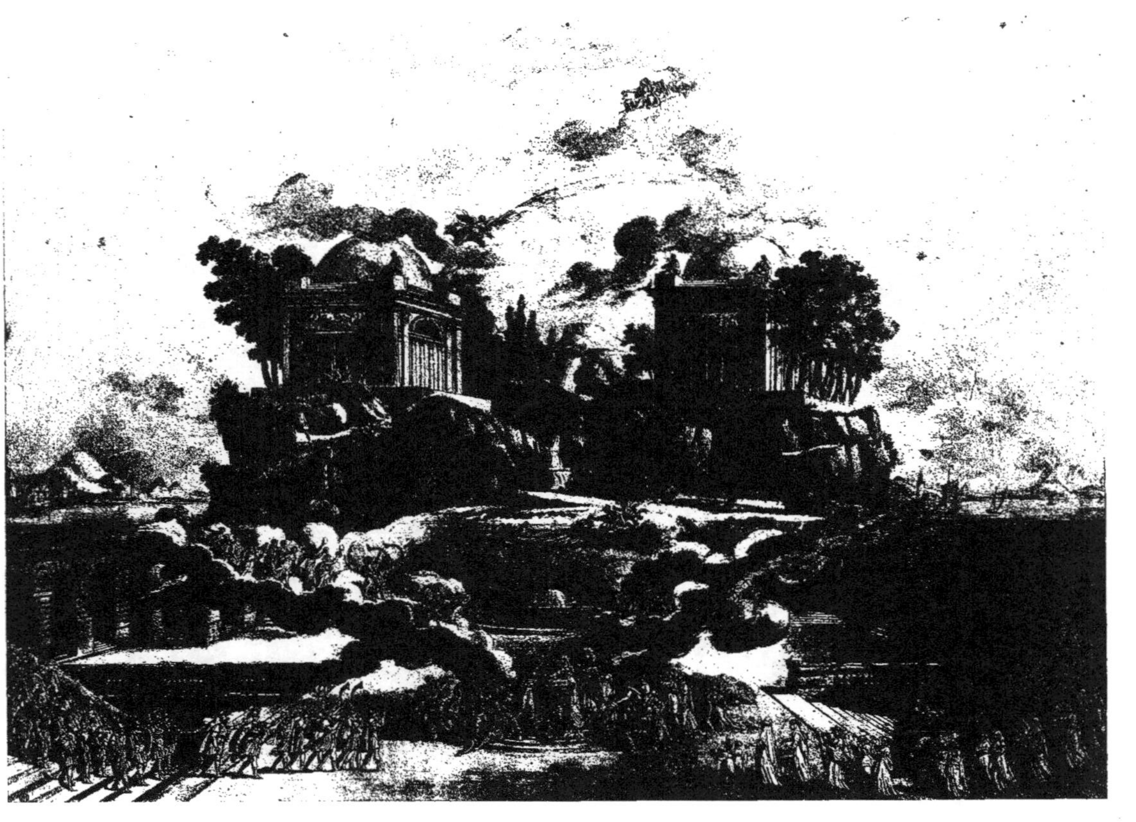

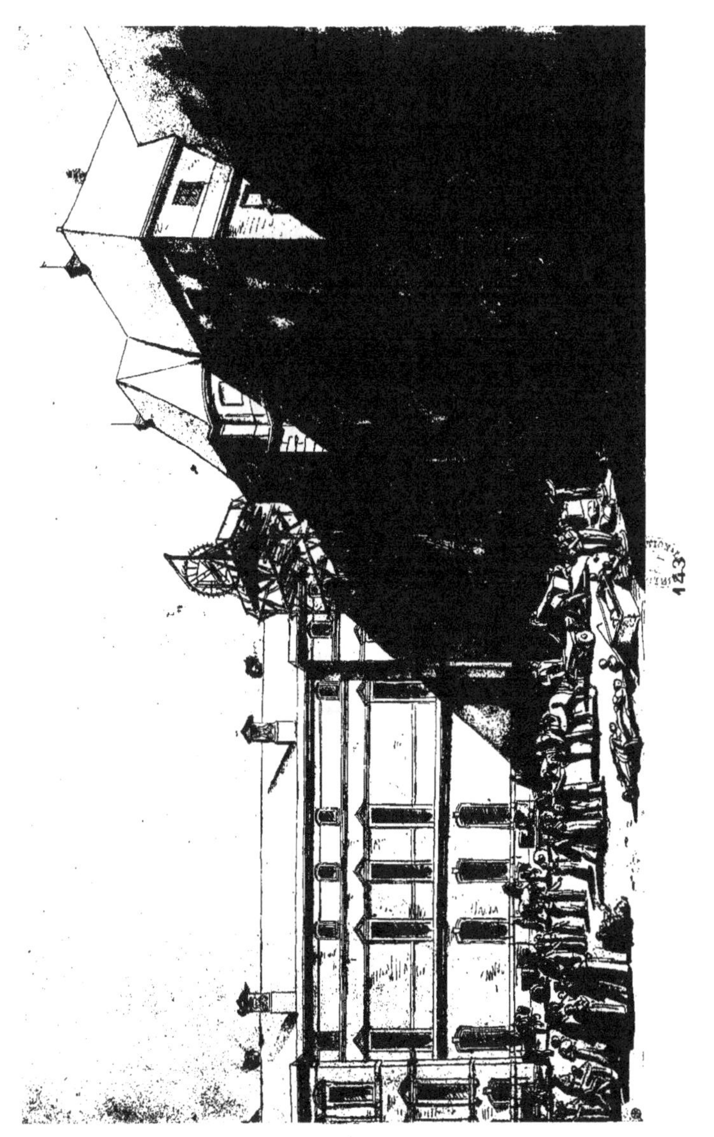

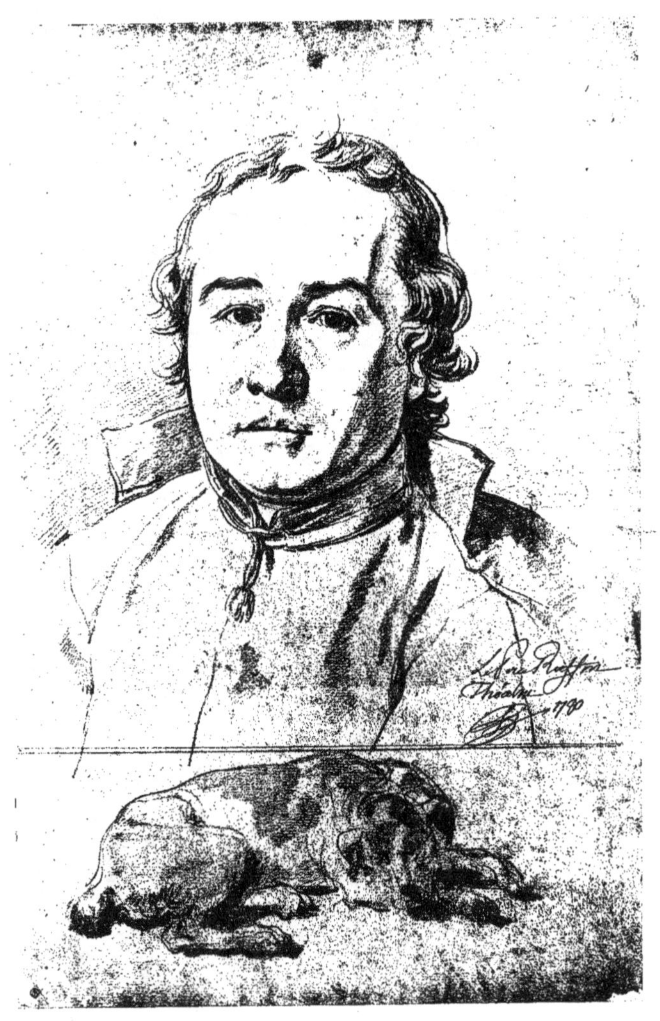

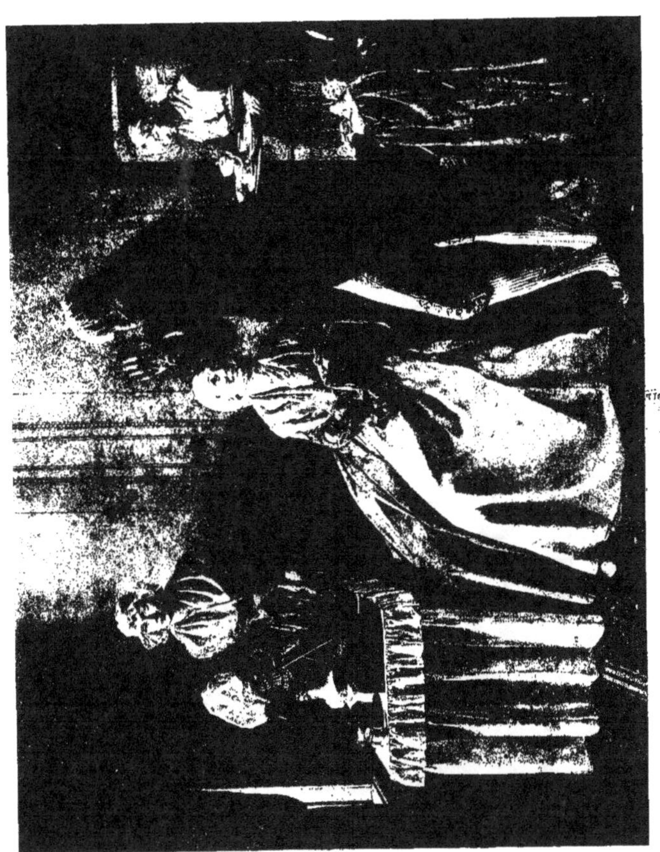

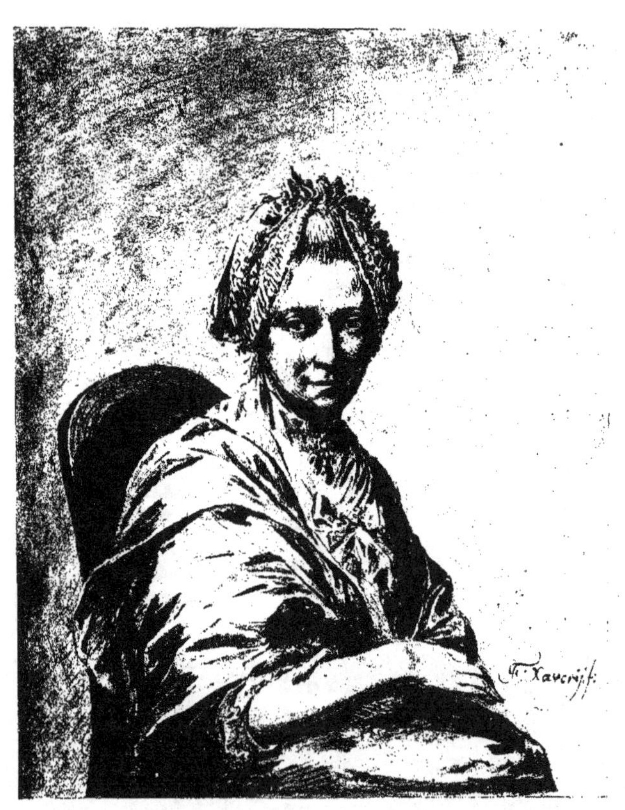

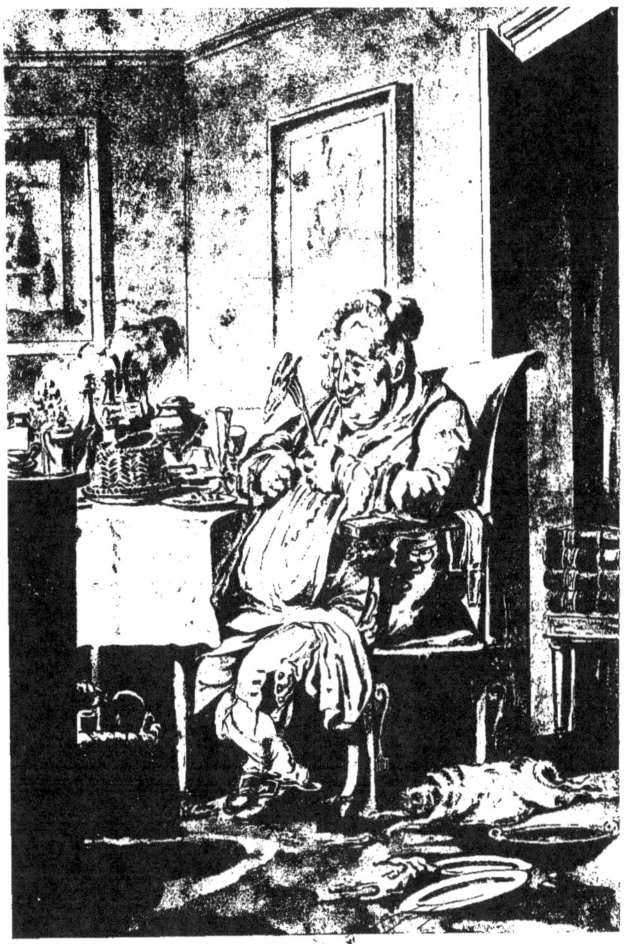

= P A R I S =
IMP. LAHURE
== 89658 ==

www.ingramcontent.com/pod-product-compliance
Lightning Source LLC
LaVergne TN
LVHW050427160826
845677LV00002BA/583

* 9 7 8 2 3 2 9 6 8 9 4 0 1 *